AF440343

NOTICE

SUR

L'ÉMIGRATION PAROISSIALE

DE BILLANCOURT

(PRÈS PARIS)

Par M. l'abbé GENTIL, curé de Billancourt

---

*LETTRE à M. le Rédacteur de la Semaine du Fidèle
du diocèse du Mans*

PRIX : 50 CENTIMES

Au profit de la Paroisse de Billancourt

EN VENTE

AU MANS, CHEZ M. LEGUICHEUX, RUE DES URSULINES, 6

—

1870

N. B. Monsieur le curé de Billancourt s'engage à dire chaque année, jusqu'à sa mort, deux messes pour tous les Bienfaiteurs de sa colonie d'émigrés, savoir :

Le 15 septembre, pour les Bienfaiteurs vivants.
Le 15 décembre, pour les Bienfaiteurs décédés.

TÉMOIGNAGE DE RECONNAISSANCE

OFFERT

PAR M. L'ABBÉ GENTIL, CURÉ DE BILLANCOURT

A Sa Grandeur Monseigneur l'Evêque du Mans.

A Monsieur le Curé de Saint-Jean-d'Assé.

A Messieurs les Maire et Adjoint
et aux Habitants de Saint - Jean - d'Assé
qui donnent l'hospitalité à ses paroisiens
depuis le 14 septembre.

A Messieurs les Curés
et aux Fidèles des diverses paroisses,
où il a prêché et quêté en faveur de son œuvre.

A toutes les Personnes charitables
qui ont bien voulu venir en aide aux familles pauvres
et aux petites filles de l'orphelinat de Billancourt,
en leur procurant ou de l'argent, ou le logement, ou la
nourriture, ou le vêtement.

NOTICE

SUR

L'ÉMIGRATION PAROISSIALE

DE BILLANCOURT, PRÈS PARIS

Saint-Jean-d'Assé, par la Bazoge (Sarthe), le 21 décembre 1870.

MONSIEUR LE RÉDACTEUR,

Vous avez bien voulu insérer dans votre estimable journal, en date des 24 septembre et 12 novembre, deux articles dans lesquels il est question des émigrés de Billancourt. Permettez-moi de vous remercier, ainsi que les auteurs anonymes de ces deux articles, et de vous donner, à mon tour, le récit détaillé de notre émigration.

La publication de ce récit édifiera sans doute vos lecteurs, provoquera certainement leur sympathie en faveur de l'œuvre paroissiale de Billancourt, et de plus, elle me donnera le moyen de témoigner publiquement la vive et sincère reconnaissance dont mes paroissiens et moi nous sommes pénétrés envers les fidèles du diocèse qui, depuis le 14 septembre jusqu'à ce jour, nous ont donné une hospitalité fraternelle et nous sont venus en aide dans notre détresse.

La commune de Boulogne-sur-Seine qui comprend deux paroisses distinctes, la paroisse Notre-Dame de Boulogne et la paroisse Notre-Dame de Billancourt, est bornée au nord par le bois de Boulogne, à l'est par la fortification de Paris, au sud et à l'ouest par la Seine. Par conséquent, elle se trouve située comme dans un cercle de fer et de feu formé par le fort d'Issy, les redoutes de Brimborion, à Sèvres, de Montretout, à Saint-Cloud, la forteresse du Mont-Valérien et le mur d'enceinte de la capitale.

Lorsqu'il devint certain que les Prussiens avaient l'intention de faire le siége de Paris, les habitants de la commune de Boulogne, comme ceux des autres communes de la banlieue se trouvant dans la même situation topographique, songèrent avec inquiétude aux moyens d'échapper au bombardement et à la famine qui les menaçaient autant et même plus que la ville de Paris.

Ceux qui jouissaient d'une certaine aisance, ou bien envoyèrent leurs femmes et leurs enfants en sûreté dans les départements du Centre, de l'Ouest, où du Midi de la France, ou bien louèrent pour eux et pour leurs familles un logement dans Paris où ils étaient certains de se procurer, avec leur argent, la nourriture de chaque jour pendant la durée du siége.

D'autres habitants qui n'avaient pas les moyens d'aller passer plusieurs mois en province, ni de faire les frais d'un emménagement et d'une location dans la ville (il fallait au moins 30 fr. pour l'emménagement, et 50 fr. pour la plus modeste chambre pendant trois mois), mais qui avaient leurs père, ou mère, ou sœur, ou autre membre de leur famille dans les départements, prirent le parti d'aller demander l'hospitalité à leurs parents, soit à leurs frais, soit à l'aide d'une réquisition sur les chemins de fer délivrée par le maire de la commune. (C'est ainsi que je compte des paroissiennes, avec leurs jeunes enfants, à Saint-Mars-sous-Ballon, à Nantes, à Saint-Brieuc, à Saint-Calais-du-Désert (Mayenne), etc., etc. Mais il restait un certain nombre de femmes, les unes mères de quatre, cinq et six enfants tout à fait pauvres; les autres ouvrières, blanchisseuses où couturières, dont les petites économies avaient été déjà presque entièrement absorbées, par suite d'un chômage qui durait depuis un mois.

Redoutant pour elles-mêmes, et encore plus pour leurs enfants, le bombardement et la famine, elles me demandèrent tout naturellement, comme à leur pasteur, avis et conseil sur le parti qu'elles devaient prendre dans la position faite par les funestes événements de la guerre à notre chère paroisse de Billancourt. Avant de vous dire comment je répondis à cette demande de mes paroissiennes et de leurs maris, je dois vous faire connaître tout d'abord, Monsieur le Rédacteur, ce que j'avais fait pour un orphelinat-ouvroir fondé par moi, il y a trois ans, sur ma paroisse, en faveur des jeunes filles de la commune de Boulogne-sur-Seine. (Cet orphelinat compte vingt-quatre enfants, savoir : douze âgés de quatre à huit ans, et douze âgés de huit à quinze ans). La plupart de ces enfants ayant perdu leurs mères, je songeai d'abord à les rendre à leurs pères, ou aux autres personnes qui s'intéressent à elles ; mais leurs pères me firent observer que s'ils n'avaient pas pu se charger, en temps ordinaire, de leurs petites filles, à plus forte raison ne pourraient-ils pas s'en charger pendant la durée du siége, à cause du service de la garde nationale ou des travaux de terrassement auxquels ils devaient être assujettis. Alors je leur proposai d'envoyer ces enfants, avec leurs maîtresses, dans la ville de Chartres où je pensais qu'elles seraient à l'abri de tout danger. J'allai moi-même installer ces chères petites filles dans le couvent des Sœurs de la Providence qui, grâce à l'intervention d'un habitant de Chartres, digne fils d'un bon et vénérable paroissien de Billancourt, consentaient à les loger gratuitement, pendant le mois de septembre, dans une partie de leur maison disponible, à cette époque de l'année, à cause des vacances de leurs jeunes pensionnaires.

Dans la crainte d'allonger outre mesure ce récit, je ne dirai rien du bon accueil fait à mes petites orphelines par les dignes Sœurs de la Providence. J'ai eu d'ailleurs occasion de publier sur ce sujet, dans un journal de Paris, un article qui m'a donné l'occasion de témoigner à ces Dames la reconnaissance que nous leur devions. Désormais tranquille, du moins je le croyais alors, sur le sort des enfants de l'orphelinat, je me demandais à moi-même ce que je pourrais faire pour les familles qui avaient eu recours à mes avis et conseils, lorsque je lus dans un journal, qu'un maire de province se faisait fort de donner dans sa commune l'hospitalité à plusieurs familles pauvres de Paris ou de la banlieue. Cette proposition si simple en apparence et réellement patriotique, me parut contenir des conséquences très-importantes au point de vue de la défense de Paris. En effet, me dis-je à moi-même, si le gouvernement, accordant déjà avec une grande facilité aux émigrants le moyen de circuler gratuitement sur les lignes ferrées, prescrivait aux maires de toutes les villes et de tous les villages de France situés en dehors de l'atteinte de l'ennemi, de loger un certain nombre de femmes et d'enfants, Paris se trouverait déchargé d'un nombre considérable de bouches inutiles (1). Quant à la somme nécessaire pour faire vivre ces pauvres émigrés, ou bien elle aurait pu leur être donnée d'avance, au moment du départ, en ayant égard à la durée présumée de la guerre et à la moyenne du prix des vivres en province ; ou bien, elle aurait pu leur être comptée mois par mois, ou semaine par semaine, par les percepteurs, moyennant certaines précautions et garanties.

Pénétré de cette pensée et désireux de contribuer pour ma faible part, au bien public, tout en rendant un service immédiat à mes paroissiens, je formai le projet d'emmener ceux-ci dans un pays où je pourrais leur procurer, à bon marché, le logement et la nourriture. Je me rappelai qu'une dame âgée de 70 ans, mon ancienne paroissienne, qui s'était retirée, il y a cinq ans, avec son mari (décédé depuis), à Saint-Jean-d'Assé (canton de Ballon), m'avait parlé avec éloge des sentiments religieux des habitants de cette paroisse. J'en conclus tout naturellement qu'ils étaient charitables et hospitaliers, l'amour du prochain étant. selon la parole de Notre-Seigneur, la marque à laquelle on reconnaîtrait ses vrais disciples.

Je supposais aussi que les vivres étaient abondants et d'un prix peu élevé dans ce pays. Enfin je comptais d'autant plus sur le concours de mon ancienne paroissienne qu'elle jouissait à Saint-Jean de l'estime universelle et qu'elle était personnellement très-généreuse, malgré la médiocrité de ses revenus.

C'en fut assez pour me déterminer à choisir Saint-Jean-d'Assé comme lieu de refuge pendant la guerre.

Cependant, ne voulant pas agir d'après mon inspiration personnelle, je consultai successivement l'autorité ecclésiastique de Paris et l'autorité civile de Boulogne-sur-Seine.

M. l'abbé Jourdan, grand-vicaire de Monseigneur l'Archevêque de Paris, archidiacre de Saint-Denis, me dit de faire ce que je croirais le plus avantageux à mes paroissiens. De son côté, le Maire de Boulogne, que j'allai trouver le 7 septembre, ne voulant me répondre qu'après avoir conféré avec le conseil mu-

---

(1) Deux cent mille personnes de moins à nourrir pendant dix jours, laisseraient des vivres disponibles pour deux millions de personnes pendant un jour. Le siége de Paris durant depuis plus de trois mois, la capitale aurait économisé quinze jours de vivres, si le chiffre de la population s'élève à deux millions, et vingt jours, si elle s'élève à un million cinq cent mille. Or, quinze ou vingt jours de plus ou de moins, c'est le salut ou la perte d'une ville assiégée.

nicipal, me promit, lorsque je pris congé de lui, de communiquer mon projet, le soir même, à ces Messieurs qui devaient se réunir ; et le lendemain, il m'adressa une lettre dont je détacherai seulement le passage le plus important : « Quant à votre « projet, le Conseil municipal, ne s'étant pas trouvé en nombre, « n'a pu en prendre connaissance ; mais plusieurs membres à « qui j'en ai fait part ont vu là une excellente idée… Je vous « engage à écrire au général Trochu, et à attendre un ou deux « jours. » Fort de l'approbation formelle ou tacite de mon projet par les autorités dont l'assentiment m'était indispensable, j'écrivis le 8 septembre au général Trochu, gouverneur de Paris et Président du gouvernement de la Défense nationale, une lettre qui lui fut remise le lendemain matin. Dans cette lettre je demandais à l'illustre général, au nom des habitants de la paroisse de Billancourt, de vouloir bien me faire connaître les intentions du gouvernement concernant la banlieue de Paris. Je lui disais que j'étais disposé à emmener en province toutes les femmes et les enfants pauvres restant sur ma paroisse, pourvu que l'on m'accordât la circulation gratuite sur le chemin de fer pour un nombre indéterminé de personnes : je le priais, dans le cas où il ne serait pas possible d'obtenir cette faveur, de garantir à ces pauvres gens un asile et du pain dans Paris lorsqu'ils seraient forcés d'y entrer au dernier moment.

Le même jour (9 septembre), le général Trochu m'informait que ma lettre avait été transmise par lui avec recommandation à M. le Préfet de Police, comme objet rentrant plus spécialement dans ses attributions. J'attendais donc d'un jour à l'autre une réponse de la Préfecture de police lorsque, le mardi 13 septembre, parut dans tous les journaux un décret du gouvernement notifiant au public que les portes de Paris seraient fermées à partir du jeudi 15, à 6 heures du matin, et que personne ne pourrait plus entrer dans la ville, ni en sortir, sans une permission écrite du Ministre de l'Intérieur.

La lecture de ce décret inattendu fut pour moi comme un coup de foudre : car, d'une part, je n'avais pas encore reçu de réponse de la Préfecture de police ; et, d'autre part, les ponts de Billancourt, de Sèvres et de Saint-Cloud, déjà minés depuis quelque temps, devant être coupés d'un jour à l'autre, Paris fermant ses portes et le chemin de fer de l'Ouest étant sur le point d'être intercepté par l'ennemi, les habitants des paroisses de Billancourt et de Boulogne allaient se trouver isolés

du reste du monde et condamnés inévitablement au bombardement et à la famine (1). Je m'empressai donc d'aller trouver le
Maire de Boulogne et de lui demander s'il n'était pas temps de
réaliser mon projet d'émigration. En l'absence du Maire, le
premier adjoint qui était au courant de mon projet et de ma
demande au général Trochu, fut d'avis qu'il y avait lieu de
tenter une démarche directe auprès de le Compagnie du chemin
de fer de l'Ouest, à l'effet d'obtenir pour quatre-vingt-douze personnes de ma paroisse décidées à partir le transport gratuit
jusqu'à la gare la plus rapprochée de Saint-Jean-d'Assé.

Il me donna en même temps le certificat suivant destiné à me
servir de passe-port, et au besoin, de lettre de recommandation :
« Le Maire de Boulogne-sur-Seine soussigné, a l'honneur
« de prier les autorités civiles de vouloir bien accorder bon
« accueil, protection, aide et assistance, à M. l'abbé Gentil, curé
« de Billancourt (dépendant de cette commune), ainsi qu'aux
« familles de sa paroisse, dont il a bien voulu faciliter la re-
« traite à l'occasion du siége de Paris. » En me remettant
cette pièce, Monsieur le Maire adjoint me fit ses adieux à
peu près en ces termes : « Adieu, Monsieur le Curé, ou plu-
« tôt, au revoir ! Vous faites là une bonne œuvre ; vous rendez
» service à la commune en mettant en sûreté un certain
« nombre de ses habitants : vous rendez service à la ville
« de Paris en transportant au loin des bouches inutiles !
« Si l'on avait fait en grand ce que vous faites person-
« nellement en petit, il en serait résulté pour Paris assiégé un
« avantage considérable. *Que Dieu bénisse votre entreprise !* »
Comme j'avais pris, le Dimanche précédent, les noms des
92 émigrants, et comme je les avais prévenus de se tenir prêts
à partir d'un instant à l'autre, je fis porter aussitôt la réquisition au siège de la compagnie du chemin de fer de l'Ouest.

---

(1) Trois jours après notre départ, nous apprenions que ce décret était
rapporté et que les Mairies de la Banlieue, dont le siége était transféré à
Paris, se chargeaient de procurer le logement et la nourriture à leurs
indigents. Cette dernière mesure était la réponse officielle à ma lettre du
9 septembre. Si elle eût été prise quelques jours auparavant, j'aurais
peut-être hésité à emmener au loin les femmes et les enfants qui sont
avec moi depuis trois mois ; ou plutôt je me serais décidé à proposer au
Gouvernement de profiter des derniers jours de circulation des Chemins
de fer d'Orléans et de l'Ouest pour organiser l'émigration en masse des
femmes et des enfants inutiles à la défense, conformément au plan que
j'ai indiqué plus haut.

Pendant ce temps là, je faisais avertir mon monde, à domicile, que le départ aurait lieu le soir, et j'indiquais pour rendez-vous mon presbytère. A 9 heures du soir, les femmes et enfants, accompagnés par leurs maris et leurs pères, et portant à la main quelques hardes seulement (le chemin de fer ne prenait plus de bagages depuis dix jours environ) quittèrent, non sans regret, leur chère Paroisse, et se rendirent à pied jusqu'à la station de Bellevue. A 10 heures du soir, nous montions en wagon, et, le lendemain, à 10 heures du matin, nous descendions à gare de Montbizot, point le plus rapproché de Saint-Jean-d'Assé, sur la ligne du Mans à Mézidon.

Tous mes gens, les jeunes enfants surtout, étaient bien fatigués de cette nuit passée en chemin de fer, et tous avaient hâte de prendre un peu de nourriture.

Je m'empressai donc de les conduire au bourg, dans l'espérance d'y trouver de quoi les satisfaire. La première maison qui se trouva sur notre chemin, à l'entrée du bourg de Montbizot, était l'école communale des garçons. L'Instituteur à qui j'exposai en deux mots qui nous étions, d'où nous venions, et où nous allions, nous offrit aussitôt l'hospitalité et nous donna les renseignements nécessaires pour nous procurer du pain et du vin. C'était, dit-il, tout ce que l'on pouvait trouver dans le pays. Cependant j'aperçus bientôt l'église du village, et sachant mon monde installé et au repos chez l'instituteur, je demandai la demeure du curé de la Paroisse.

Dès que le bon Prêtre eut reconnu que nous étions des émigrés, il mit à notre disposition tout ce qu'il avait chez lui, en fait de provisions.

Pendant ce temps là, l'instituteur avait fait savoir aux habitants de son voisinage qu'il avait chez lui de pauvres émigrés conduits par leur Curé, et aussitôt tous ces braves gens avaient porté à l'école, du pain, du vin, du fromage, des fruits et autres comestibles, en sorte qu'à mon retour du presbytère, tous mes gens avaient déjà commencé un repas tellement abondant que les restes suffirent au souper du même jour et au déjeuner du lendemain.

Un accueil aussi bienveillant, auquel nous ne pouvions pas prétendre, nous toucha profondément, et c'est les larmes aux yeux que nous remerciâmes et le pasteur, et l'instituteur et les paroissiens de Montbizot de leur hospitalité fra-

ternelle; sans oublier M. l'Adjoint et M. le Percepteur qui s'é-
taient mis à leur tête, dès qu'ils avaient eu connaissance de
notre situation (M. le Maire était absent, ses fonctions de
Conseiller général réclamant sa présence à Ballon).

A partir de ce moment, nous n'éprouvâmes plus aucune
inquiétude sur la réception qui nous serait faite par leurs
voisins de Saint-Jean-d'Assé.

Bientôt même nous eûmes acquis la certitude que nous
n'en serions pas réduits à coucher, ou dans des granges, ou
dans des écuries, ou dans l'église, ainsi que je l'avais fait
pressentir à mes gens avant notre départ. Car ce jour là,
(14 septembre) le tirage au sort des jeunes gens du canton
de Ballon ayant lieu, M. le Maire et M. l'adjoint de Saint-
Jean-d'Assé traversèrent le village de Montbizot et furent infor-
més de notre arrivée et de notre projet d'établissement dans leur
commune et bientôt ils m'eurent promis leur concours em
pressé, pour faciliter notre installation. Quant aux habitants de
Montbizot, ils s'offrirent à nous conduire tous en voiture jusqu'à
Saint-Jean d'Assé, et en peu de temps nous eûmes franchi la
distance de 6 kilomètres qui sépare les deux bourgs. A peine
avions-nous mis pied à terre sur la route du Mans à Alençon,
qu'à leur tour les habitants de Saint-Jean, avertis de notre présence par ces messieurs de la Mairie, se présentèrent en nombre
pour loger chez eux les femmes et les enfants dont le pauvre
Curé de Billancourt s'était chargé de diriger l'émigration.

Il y a déjà trois mois, Monsieur le Rédacteur, que nous sommes ainsi logés et jusqu'à présent je ne sache pas qu'ils aient
regret de l'hospitalité qu'ils nous ont donnée si gracieusement.
Ce que je sais, c'est que plusieurs répétent à mes gens, ou à moi-
même, qu'ils seraient heureux de nous voir rester définitivement
au milieu d'eux, si nous ne pouvions pas rentrer dans nos foyers
et rétablir notre paroisse. Honneur et louange aux autorités
municipales et aux habitants de Saint-Jean, qui ont si bien compris les devoirs sacrés que le patriotisme chrétien impose aux
Français dans les cruelles épreuves que la patrie traverse en ce
moment ! Que le Seigneur Jésus, qui a promis de rendre au cen-
tuple ce que ses disciples feraient au plus petit d'entre les siens,
les récompense de leur généreuse hospitalité et de tous les
dons en nature, qu'ils n'ont cessé de nous offrir depuis que nous
sommes au milieu d'eux ! car, Monsieur le Rédacteur, je n'en
finirais pas si je vous faisais l'énumération de tout ce qui nous

a été prêté pour notre installation, et de tout ce qui nous a été donné depuis notre arrivée à Saint-Jean, en bois, légumes, fruits, boisson, beurre, œufs, lait, viande, vêtements, ustensiles, de ménage, etc., etc.

Il m'est impossible de livrer à la publicité les noms des personnes qui ont eu à cœur de soulager leurs concitoyens exilés et pauvres, mais nous les connaissons, nous les inscrirons dans les archives de notre paroisse, et nous les répéterons devant Dieu dans nos prières de chaque jour !

Puissent ces quelques lignes prouver à nos bienfaiteurs, grands et petits, que nous ne sommes pas des ingrats ! Puisse tout le bien qu'ils nous ont fait être récompensé, même en ce monde, par la préservation des fléaux de la guerre, et par l'estime de tous les gens de bien qui en auront connaissance.

Cependant si j'avais osé prendre la responsabilité d'emmener tant de monde avec moi, c'est que j'espérais pourvoir à tous leurs besoins, au moyen de mes ressources personnelles, sans être obligé d'avoir recours à la charité des habitants de la commune où nous établirions notre domicile provisoire. Mais encore fallait-il organiser un moyen facile et économique de nourrir un nombre si considérable de personnes. Pour cela, je m'adressai dès le soir même de mon arrivée à Monsieur le Curé de Saint-Jean-d'Assé. Ce digne ecclésiastique, non content de me faire un accueil bienveillant, de me donner toutes les facilités nécessaires pour l'exercice de mon saint ministère envers mes paroissiens, eut l'extrême bonté de mettre à ma disposition une buanderie et un hangard, assez vastes pour servir de cuisine et de réfectoire, et une partie de son jardin pour la récréation des enfants, avant et après les repas (1). *Qu'il me permette de lui dire que mes paroissiens ont eu le bonheur de trouver en lui un père,* que j'ai trouvé en lui un ami dévoué, et qu'entre lui et moi, c'est à la vie et à la mort ! Je ne peux pas en dire davantage à son

______

(1) Les jeunes garçons et les jeunes filles ne faisant pas partie de l'orphelinat, sont admis avec l'autorisation de M. le Maire, dans les écoles de la commune où ils reçoivent les soins les plus dévoués de l'excellent instituteur et des bonnes sœurs. — Je me reprocherais vivement de ne pas exprimer ici ma très-vive et très-sincère gratitude à celles-ci et à celui-là, d'autant plus que mes enfants plus éveillés, en qualité de Parisiens, que les enfants du pays n'ont pas manqué de leur donner beaucoup d'embarras.

sujet parce que sa modestie s'en offenserait, mais je ne pouvais pas en dire moins !

A partir du 16 septembre, tous les repas furent pris en commun, et à heure fixe, au presbytère de Saint-Jean, comme dans les pensionnats et dans les familles habituées à la régularité, grâce au dévouement de plusieurs femmes de ma paroisse chargées par moi, et sous ma surveillance, de tous les détails de la cuisine et du service. J'ajouterai, sans crainte d'être démenti, que, jusqu'à ce jour, nous avons eu tous, quoique vivant avec la plus stricte économie, une nourriture saine et abondante que nous envieraient certainement aujourd'hui beaucoup de Parisiens, s'ils savaient comment nous nous trouvons à Saint-Jean !

Je dis *nous* et *tous*, Monsieur le Rédacteur, parce que je dois vous avouer que, partageant l'exil de mes paroissiens, j'ai voulu partager leur nourriture, et à vrai dire, c'est une grande consolation pour moi dans les malheurs de la France, de me retrouver plusieurs fois le jour avec ceux qui deviendront sans doute prochainement les nouveaux fondateurs de ma chère paroisse ! Pour vous donner une idée de notre économie, laissez-moi vous dire, en toute simplicité, que nous avons dépensé en moyenne o fr. 40 par jour et par personne, et néanmoins la plupart de mes gens affirment qu'ils n'ont jamais été aussi bien nourris chez eux. Maintenant que vous connaissez en détail l'histoire de notre installation paroissiale à Saint-Jean, vous me demanderez sans doute, Monsieur le Rédacteur, ce que sont devenues les jeunes filles et les maîtresses de mon Orphelinat établies à Chartres le 30 août.

Je répondrai d'autant plus volontiers à cette question que, depuis cette date, l'ennemi a pris possession de Chartres et que vos bons lecteurs, si je n'en parlais pas, seraient sans doute fort en peine sur le sort de ces chères enfants ! A peine avais-je organisé la colonie paroissiale que, désirant offrir mes hommages respectueux au vénérable évêque du diocèse où je devais résider pendant un temps plus ou moins long, j'avais résolu d'aller au Mans le lundi 19 septembre, en compagnie de M. le Maire de Saint-Jean-d'Assé qui avait bien voulu mettre à ma disposition, pour m'y conduire, et sa personne et sa voiture.

La première parole de M. le Maire en me voyant, fut la nouvelle de la suppression de la circulation sur le chemin de fer de l'Ouest entre Paris et Chartres, et la menace d'une marche des

Prussiens sur cette dernière ville. En sorte que ce magistrat me donna le conseil d'aller immédiatement à Chartres chercher mes petites orpelines, si je voulais leur épargner la terreur et toutes les suites possibles de l'invasion.

Ce conseil correspondant tout-à-fait à ma pensée, je me décidai à partir par le premier train de la ligne du Mans à Paris, mais comme j'avais deux heures disponibles, j'en profitai pour rendre à Monseigneur l'Évêque la visite préméditée.

Le Prélat était alors indisposé et voulut bien néanmoins m'accorder une audience dont le souvenir restera profondément gravé dans mon cœur tant sa réception fut paternelle ! Sa Grandeur approuva complétement ma manière d'agir envers les femmes et les enfants de ma paroisse et elle en parut touchée. Elle daigna m'inviter à revenir la voir de temps en temps, et même à prendre place à sa table. Depuis ce jour, j'ai profité de quelques occasions qui m'ont conduit à la ville pour jouir de l'honneur que le vénérable Pontife daignait m'accorder, et chaque fois, je suis sorti du palais épiscopal, muni de sa bénédiction et de ses encouragements.

Le soir du 19 septembre, j'arrivais à Chartres auprès de mes petites orphelines, et je leur annonçais mon intention de les réunir, sous ma sauvegarde, aux émigrés de la Paroisse. Le lendemain, je fis les démarcdes nécessaires pour obtenir leur transport gratuit jusqu'à Montbizot, et j'écrivis à l'excellente dame de Saint-Jean dont j'ai parlé dès le commencement de ce récit, pour la prier de préparer un logement aux petites orphelines.

Le mercredi 21, nous descendions à la gare de Montbizot où cinq voitures appartenant à des habitants de Saint-Jean et conduites par leurs propriétaires, nous attendaient pour nous transporter au bourg.

Je croirais manquer à mon rôle d'historien sincère et au devoir de la reconnaissance, si je ne vous disais qu'à notre apparition, une foule immense d'hommes, de femmes et d'enfants, au milieu desquels apparaissaient quelques ecclésiastiques, se précipita au-devant de nous, en demandant les uns à porter soit nos bagages, soit les plus jeunes enfants âgées de quatre à huit ans, jusqu'à l'endroit où stationnaient les voitures ; les autres à prendre chez eux une ou deux petites orphelines, et à les garder jusqu'à la fin de la guerre. C'est que cette multitude accourue d'abord pour apporter des provisions de bouche aux pauvres soldats qui passaient alors continuellement sur la ligne de Mézidon au Mans, avaient appris notre arrivée par les habitants de Saint-Jean venus au devant de nous, et elle avait été émue et attendrie à la vue de ces pauvres petites orphelines conduites comme de timides brebis par leur Pasteur devenu leur père adoptif.

Une demi-heure après notre descente de chemin de fer nous arrivions à Saint-Jean.

La nuit commençait à venir. Il fâllait donner la nourriture du soir et un lieu de repos aux petites orphelines. Prévenue seulement vingt-quatre heures d'avance, comme je l'ai dit plus haut, notre bonne dame avait pourvu à tout.

Les enfants, après avoir bien soupé, allèrent se coucher dans de bons lits.

Deux personnes de Saint-Jean avaient transformé leurs maisons en dortoirs où étaient disposés des lits en nombre suffisant faits avec de la paille, des couettes, des draps et des couvertures, prêtés gratuitement par elles et par plusieurs habitants du bourg.

Quant à la bonne dame, elle mettait à la disposition des petites orphelines sa cuisine et ses ustensilles, sa salle à manger et sa vaisselle, une pièce servant de lingerie, et elle transformait son jardin en cours de récréation.

Ici encore je sentirais le besoin d'exprimer ma reconnaissance en vous disant combien, dans leur malheur, les enfants et leurs maîtresses sont heureuses d'avoir trouvé une hospitalité si touchante ! Mais je craindrais de blesser la modestie de ceux qui nous la donnent. Ils m'en voudraient de les louer publiquement ; ils préfèrent que le Seigneur qui connaît le fond des cœurs leur en tienne seul bon compte au jour de son jugement ! Qu'il daigne, ce Dieu juste et bon, se souvenir dans sa miséricorde de ceux qui ont eu soin des petites filles orphelines et exilées !

Combien je regrette, Monsieur le Rédacteur, que vos nombreuses et importantes occupations ne vous laissent pas le temps de venir visiter les pauvres émigrés de Billancourt ! Il me semble qu'après avoir vu de vos yeux les merveilles de charité opérées par le curé, les maire et adjoint, et par un nombre considérable d'habitants de Saint-Jean-d'Assé, après avoir vu cette instal-lation vraiment curieuse, d'une colonie de cent vingt émigrés, vous deviendriez auprès de vos lecteurs notre éloquent avocat !

Quoiqu'il en soit, je crois ne pas m'être trompé en disant

tout d'abord que mon récit édifierait sans doute vos lecteurs. J'ai ajouté que ce récit provoquerait certainement leur sympathie envers l'œuvre difficile et délicate que j'ai entreprise, en consultant plutôt mon cœur que ma bourse.

En effet, laissez-moi vous le dire, Monsieur le Rédacteur, nous avons aujourd'hui besoin de cette sympathie pratique et effective !

Lorsque j'ai quitté Billancourt avec tout mon monde, j'avais entre les mains une somme relativement considérable, 3,000 fr., somme recueillie en grande partie par moi pendant l'été pour distribuer aux pauvres de Billancourt pendant l'hiver, ou provenant des honoraires de messes que je devais acquitter jusqu'au 1er Janvier 1871, ou enfin destinée au paiement du loyer de l'orphelinat.

En calculant la dépense de cent vingt personnes qui composent ma famille paroissiale d'émigrés, sur le pied de 0 fr. 40cent. pendant quatre-vingt dix jours d'exil, (je néglige à dessein les trois semaines passées à Chartres par les orphelines), nous trouvons un total de 4,320 francs.

Par conséquent j'ai déboursé 1,320 de plus que je n'avais de recettes.

Comment, direz-vous, cela peut-il se faire?

Je voudrais pouvoir vous répondre, Monsieur le Rédacteur, que c'est par leur travail que les femmes et les jeunes filles, de la colonie ont comblé cet énorme déficit de mes finances; mais hélas! j'ai cherché moi-même de l'ouvrage pour toutes celles qui sont capables de coudre, et j'en ai trouvé un peu. Malheureusement le produit de travail a été presque insignifiant parce que le seul genre du travail possible depuis longtemps déjà, la confection pour militaires est très-peu payée, et parce que nous n'en avons pas eu régulièrement, à cause de notre éloignement de la ville du Mans et de la panique qui, à diverses reprises, a jeté le trouble dans les affaires. C'est donc encore au moyen de la charité chrétienne que j'ai pu jusqu'à présent donner à tout mon monde, la nourriture, le vêtement et le chauffage (1). Quand j'ai vu que mes ressources diminuaient, et que la durée de notre

(1) Trois personnes charitables dont deux étaient mes paroissiennes d'été à Billancourt m'ont envoyé l'une 300 fr., l'autre 150 fr., à titre de don; la troisième 200 fr., pour honoraires de messes à acquitter en 1871. Au moyen de cette somme j'ai nourri mon monde pendant 14 jours.

exil se prolongeait au-delà des prévisions de tous, je songeai à m'en procurer, en ayant recours aux habitants des communes voisines de Saint-Jean d'Assé qui connaissaient notre présence en ce lieu et qui s'intéressaient déjà vivement à nous. Avec l'approbation de Monseigneur l'Évêque (1), et avec l'autorisation de Messieurs les curés, j'ai été prêcher, tous les dimanches, un sermon de charité en faveur de mes pauvres émigrés, dans les paroisses de Saint-Mars-sous-Ballon, de Beaumont, de Saint-Marceau, de la Bazoge, de Ballon, de Mezières, de Neuvillalais, de Segrie, de Fresnay, d'Assé, de Vernie, et je dois me rendre prochainement à Vivoin, et dans d'autres localités, si le siége de Paris se prolonge au-delà du mois de décembre.

Il m'en coûte doublement, je l'avoue, Monsieur le Rédacteur, de quêter ainsi pour mon monde, soit parce que je n'avais jamais eu l'habitude de prêcher et de quêter en dehors de ma paroisse, soit parce que je crains d'être à charge dans les circonstances présentes, les habitants des villages comme ceux des villes ayant été appelés bien des fois déjà à prendre part à des œuvres patriotiques et d'une importance plus grande encore que la mienne. Et cependant j'ai été grandement consolé par la sympathie vraiment touchante que m'ont témoignée mes vénérables confrères dans le sacerdoce, et les fidèles des différentes paroisses que je viens d'énumérer.

Que de traits édifiants d'une charité parfois merveilleuse, j'aurais à raconter si vous me le permettiez ! qu'il me suffise de vous en citer plusieurs qui ont édifié et attendri ceux à qui j'ai eu occasion de les raconter. A l'issue des vêpres, dans la paroisse où je fis la quête pour la première fois, je reçus dans la rue l'offrande de plusieurs personnes. Dans le nombre il y en avait une qui était enveloppée dans du papier. Croyant qu'il s'agissait d'une pièce de 0 fr. 50, je mis l'offrande dans mon porte monnaie, sans regarder à combien elle se montait. Jugez de ma surprise lorsque, dans la soirée, voulant me rendre compte du résultat définitif de la quête je trouvai une pièce de 10 fr. en or dans une lettre ainsi conçue !

Monsieur le curé,

« Maman me donnant de l'argent pour ma toilette, j'ai pu

____

(1) Monseigneur a daigné m'honorer d'une offrande que j'ai reçue avec d'autant plus de reconnaissance que je n'ignore pas les charges qui pèsent sur Sa Grandeur.

« économiser sept francs sur un vêtement, je suis heureuse de
« pouvoir vous offrir cette pièce ; en retour je vous supplie de
« m'obtenir le pur amour de Dieu que je désire tant, et je prie
« le bon Dieu, qu'il vous bénisse avec votre petit troupeau,
« Monsieur le curé, votre toute reconnaissante qui ne veut pas
« qu'on le sache. »

Oui, sans doute, ma chère fille, vous avez raison de faire le
bien sans que les hommes en aient connaissance ! Mais celui
qui voit le fond des cœurs vous en récompensera d'autant
plus généreusement que vous vous êtes imposé un sacrifice qui
n'est pas sans valeur devant Dieu de la part d'une jeune personne, et que vous avez mis en pratique le conseil évangélique
« que votre main gauche ignore ce que fait votre main droite ! »

Dans une autre paroisse, une femme paraissant âgée de soixante ans environ, se présente chez M. le curé à la fin du repas
qui suivait la grand'messe et la quête faite par moi à cette
messe, et s'adressant à moi elle me dit : « Monsieur le curé, je
« suis honteuse de vous donner une somme si modique, mais
« je ne suis qu'une pauvre domestique et j'ai un fils sous les dra-
« paux. » Or, en parlant ainsi, Monsieur le rédacteur, elle me
remettait une pièce de 5 fr. en argent ! Femme pieuse et vraiment charitable, souvenez-vous de ce que le Seigneur Jésus a
dit de l'aumône de la pauvre veuve !

Ailleurs, c'est une domestique qui n'ose pas donner dans l'é-
glise tout ce que son bon cœur réservait aux petites orphelines,
de peur d'être vue de ceux qui l'entourent et qui m'apporte se-
crètement son aumône au presbytère.

Plus tard, c'est une jeune personne qui m'envoie la dernière
pièce de monnaie contenue dans sa petite bourse.

Enfin, c'est un pharmacien qui s'offre à fournir gratuitement
tous les médicaments dont pourront avoir besoin non seulement
les malades, mais encore les femmes et les enfants dont la santé
délicate a besoin de soins particuliers. (Depuis notre arrivée en
ce pays, le médecin de Saint-Jean-d'Assé donne gratuitement
aussi ses soins à tout mon monde). Après tous ces actes de charité généraux ou particuliers, je me demande, Monsieur le Rédacteur, si j'aurais trouvé dans un autre pays ce que j'ai ren-
contré dans le diocèse du Mans ? et je bénis mille fois la divine
Providence qui m'a inspiré la pensée d'émigrer, dans cette con-
trée ; et je bénis mille fois encore ceux qui ont été envers ma
famille paroissiale les instruments de sa bonté !

Mais j'oubliais de vous dire que les jeunes filles de l'orphelinat demandées instamment par MM. les curés et par leurs paroissiens m'ont accompagné dans plusieurs localités et n'ont pas peu contribué au succès de mes quêtes.

Tout ce qu'a dit à vos lecteurs votre correspondant de Saint-Mars-sous-Ballon dans le numéro du 12 novembre, concernant l'accueil fait à ces chères enfants, est d'une exactitude rigoureuse et s'est reproduit, sauf quelques nuances de détail, dans toutes les autres paroisses. A Saint-Mars et ailleurs, les paroissiens ont brigué en quelque sorte l'honneur d'en recevoir chez eux; les uns deux, les autres quatre, et même six, comme cela se pratique le jour de la 1re communion pour les enfants trop éloignés du bourg. Dans d'autres paroisses, c'est M. le curé lui-même qui a bien voulu les admettre toutes à sa table. Ailleurs enfin, les religieuses vouées à l'enseignement de la jeunesse ont demandé à les recevoir et à les nourrir avec leurs maîtresses. Et notez bien, Monsieur le Rédacteur, que presque toujours, ce sont les habitants de ces localités qui ont envoyé chercher dès le matin ces petites filles en voiture, et qui les ont reconduites le soir à une distance de six et parfois de douze kilomètres.

Aussi, je vous l'assure, si ces chères enfants, ont chanté la grand'messe, les vêpres, et le salut du très-saint Sacrement de manière à étonner et à édifier les habitants des paroisses, et à satisfaire Messieurs les Curés, elles ont été profondément touchées de l'intérêt qu'on leur a témoigné, des bons soins qu'on leur a prodigués, et leurs excursions dans les environs de Saint-Jean seront pour elles un des plus doux souvenirs de la triste émigration de 1870.

Après cela, ai-je besoin d'ajouter que la population des environs de Saint-Jean a bien compris l'œuvre dont je me suis chargé par un sentiment à la fois chrétien et patriotique, et que les dons en argent, en vêtements, en légumes, en boisson, en bois, etc. etc, ont été accordés avec empressement et avec une espèce d'enthousiasme que les appréhensions d'un moment n'ont pas refroidi? Je ne crois pas convenable, pour plusieurs raisons que vous apprécierez facilement, de publier dans votre journal le résultat des quêtes faites jusqu'à ce jour, au profit de l'émigration paroissiale de Billancourt; mais ce que je peux assurer, c'est que ce résultat a dépassé de beaucoup l'attente de Messieurs les Curés. (J'en ai rendu compte à Monseigneur l'Evêque du Mans le 16 de ce mois, et il m'a mis à même de procurer, pour le présent mois, la nourriture de chaque jour à ma nombreuse famille).

Mais hélas! la durée de l'exil se prolonge encore, et je ne peux pas attendre au dernier moment pour me trouver la somme nécessaire pour leur subsistance pendant le mois prochain, et peut-être pendant un espace de temps plus long encore.

C'est pourquoi, j'ai recours à votre estimable journal, pour faire connaître à vos lecteurs notre situation précaire, dans l'espérance que quelques-uns d'entre eux voudront bien se rappeler qu'il y a dans le diocèse du Mans, à Saint-Jean d'Assé une colonie d'émigrés de Billancourt, composée de 120 femmes et enfants qui n'ont depuis trois mois d'autre soutien que leur Curé devenu aussi pauvre qu'eux.

Je viens de dire 120, mais je me trompe, car ce qui était vrai, il y a un mois, ne l'est plus aujourd'hui. C'est 121 personnes que je dois compter présentement, une de mes paroissiennes, ayant mis au monde une petite fille que j'ai baptisée moi-même.

Ah! sans doute, il y a depuis le commencement de cette guerre funeste, bien des misères à soulager, bien des souffrances à adoucir, et chacun même des plus riches est plus ou moins dans la gêne; mais c'est maintenant plus que jamais le moment de faire des sacrifices en faveur des victimes de différente sorte des évènements présents. S'il y a des souscriptions ouvertes en faveur des soldats blessés, malades ou prisonnniers, et des ouvriers sans ouvrage, n'y a-t-il pas lieu de faire aussi la part des émigrés des envions de Paris?

Pour moi, je ne demande des personnes charitables que la permission de glaner après la moisson faite par les autres œuvres. Mais ce que je demande instamment, au nom de Jésus-Christ, notre divin Sauveur, c'est qu'on me procure les moyens de faire vivre les émigrés de Billancourt, et de les prémunir contre la rigueur de la saison, jusqu'au jour bien heureux où finira l'exil auquel nous sommes condamnés depuis si longtemps!

Et que l'on ne craigne pas de me donner pour eux au delà du strict nécessaire! car, j'ai tout lieu de croire qu'à leur retour à Billancourt, ils ne trouveront plus rien de ce qu'ils avaient laissé dans leurs maisons, ou même caché dans les caves, en fait de meubles, literie et autres objets. Ils seront peut être plus malheureux en rentrant chez eux, qu'ils ne le sont aujourd'hui à Saint-Jean d'Assé. Pour le prouver, je me contenterai de citer l'extrait d'une lettre qui m'a été adressée à moi-même, par voie aérienne, le 5 octobre, par mon vicaire entré dans Paris d'abord, puis engagé comme aumônier de gardes mobiles. « Me voilà aumônier de deux bataillons de Mobiles « de l'Aube, et, chose curieuse, dans votre paroisse, disant la « sainte Messe dans votre église, où l'on s'est contenté, il y a « quelques jours, de fracturer les troncs... Votre pauvre paroisse « est bien triste à voir, bien abîmée ; toutes les maisons ont « été ouvertes et fouillées presque par tout le monde, votre « maison elle-même n'a pas été épargnée ; votre bureau a été « tout brisé.....

« Pourrez-vous reconnaitre votre paroisse plus tard, si toute « fois elle existe encore.

En effet, ce que les maraudeurs ont commencé, les canons prussiens ou français l'achèveront peut-être prochainement, soit pour l'attaque, soit pour la défense de Paris !

C'est avec une douloureuse émotion que je viens de reproduire ces lignes de la lettre de mon vicaire ! car, je ne vous l'ai pas encore dit, Monsieur le Rédacteur ; je suis le premier curé et le fondateur de la paroisse de Notre-Dame de Billancourt. J'avais eu la satisfaction de trouver dans tous les habitants de cette localité, sans exception, riches et pauvres, le concours le plus empressé pour créer tout ce qui manquait à l'époque de mon installation, et pour doter Billancourt de toutes les œuvres qui constituent la vie et la prospérité d'une paroisse. Pour vous en donner une idée, je me contenterai de vous parler de ce que nous avions fait pour l'Eglise, pour les Ecoles, pour les pauvres et pour les malades.

Dans l'espace de dix ans, au moyen de souscriptions spontanées, et de deux loteries successives, mes paroissiens et moi, 1° nous avions transformé en une petite église assez vaste pour contenir cinq cents personnes (1), une chapelle bâtie trente ans auparavant par les soins d'un homme de bien dont la mémoire est en bénédiction à Billancourt ; 2° nous avions fondé une école libre pour les jeunes garçons de six à douze ans et au delà, et une salle d'asile pour les petits garçons et les petites filles de

______

(1) Quand on a commencé à évacuer la paroisse, en prévision du siége de Paris, la population de Billancourt s'élevait au chiffre de 3,008 âmes.

deux ans et demi à six ans. Cette école et cet asile sont devenus œuvres communales, quelques années après leur fondation, l'autorité municipale ayant consenti à se substituer à moi pour me décharger des dépenses considérables occasionnées par ces établissements ; 3° nous avions agrandi une école libre de jeunes filles, destinée d'abord par son fondateur à recevoir quarante enfants pauvres du quartier, de telle sorte qu'elle contenait à la fin du mois de juillet de cette année, cent soixante filles de six à douze ou treize ans, et nous avions alloué une somme annuelle de 600 francs à une sœur supplémentaire dont l'unique et continuelle occupation était d'apprendre aux jeunes filles tous les travaux à l'aiguille. J'avais payé moi-même pendant quelques années les mois d'école des enfants pauvres, dont le nombre dépassait plus ou moins fortement le chiffre de la fondation, mais dans la suite j'avais obtenu de la commune de Boulogne une subvention croissante d'année en année, et qui dans les derniers temps s'appliquait à cent jeunes filles. 4° Nous avions établi une association de charité ayant pour but de venir en aide de plusieurs manières aux pauvres de la paroisse. 1° L'association distribuait pendant l'hiver aux familles les plus malheureuses des cartes de pain, de viande et de combustible ; 2° elle procurait des vêtements, du linge et de la chaussure aux vieillards et surtout aux enfants pauvres fréquentant l'asile et les écoles de la paroisse ; 3° elle accordait, d'après un règlement qui en déterminait le mode et les conditions, une prime d'encouragement aux familles pauvres pour les aider à payer leur loyer ; 4° elle procurait aux enfants orphelins de la paroisse le bienfait d'une éducation chrétienne en payant en totalité ou en partie, le prix de leur pension dans un orphelinat. Indépendamment de ces œuvres, nous avions une société de secours mutuels pour les femmes, comptant déjà six ans d'existence, et rendant, chaque année, des services inappréciables à celles qui étaient visités par la maladie.

La société garantissait aux femmes qui en faisaient partie, et ce, moyennant une somme de 1 fr. 50 par mois : 1° les médicaments pour elles et pour leurs enfants âgés de moins de quinze ans ; 2° les soins et visites d'un médecin rétribué par la caisse commune ; 3° une indemnité précuniaire de 1 fr. par jour pendant cent jours dans le cours d'une année ; 4° la société payait en outre tous les frais des convois et services funèbres de ses membres décédés.

Tel est en peu de mots, Monsieur le Rédacteur, l'exposé de notre situation paroissiale au 15 août dernier.

En comparant cette situation si prospère à celle que la lettre de mon vicaire vous a dépeinte, vous comprendrez facilement et vos lecteurs comprendront comme vous, l'immensité de ma douleur, et ils y compatiront sans doute, en répondant généreusement à l'appel que je leur fais en ce moment, en faveur des débris de ma paroisse. Ces débris sont bien faibles et bien pauvres, et, néanmoins je l'espère, ils deviendront dans peu de temps, le centre autour duquel se grouperont ave empressement mes anciens paroissiens aujourd'hui dispersés de tous côtés ! car mon seul désir en ce monde et ma seule ambition, comme prêtre, c'est de fonder de nouveau, mais bientôt, s'il plait à Dieu, la paroisse de Notre-Dame de Billancourt. J'aime à croire que *malgré* la détresse générale que la guerre actuelle causera à la France, notre chère et bien-aimée patrie se relèvera promptement de ses ruines ; elle est le royaume de Marie, ainsi que le disaient nos pères !

J'aime à croire que le petit coin de terre de France que j'ai été chargé par la divine Providence de cultiver, en ma qualité de ministre de Jésus-Christ, verra de nouveau refleurir les œuvres diverses que la charité chrétienne y avait établies, parce que cette charité ne peut pas et ne doit pas plus mourir que la France elle-même ! Daigne le Seigneur, notre Dieu, mettre un terme aux maux déjà si considérables causés par la guerre à notre cher pays, et ne pas permettre plus longtemps l'effusion du sang chrétien !

Puissions-nous, nous tous qui avons dû émigrer loin de la capitale et de notre chère paroisse, retrouver ceux qui n'ont pas pu ou qui n'ont pas voulu nous suivre, et qui sont sans doute inquiets sur notre sort, comme nous le sommes nous-mêmes sur leur propre sort ! Puissent les femmes revoir sains et saufs leurs maris qui concourent actuellement d'une manière active à la défense de Paris !

Puissent les enfants revoir sains et saufs leurs pères dignes désormais de l'admiration du monde entier !

Puissé-je moi-même revoir aussi mon vieux père et ma vieille mère ! et mon frère avec sa femme et ses trois petits enfants, dont l'ainé a sept ans ! et ma sœur avec son mari et ses deux enfants dont la plus jeune a quatorze mois ! et tous les autres membres de ma famille qui, eux aussi, souffrent et combattent pour la patrie en danger !

Ils me pardonneront sans doute de n'avoir pas été auprès d'eux pendant le siége de Paris (ma présence ne pouvant que leur être agréable, mais ne pouvant pas leur être utile), lorsqu'ils verront que moi aussi j'ai rendu service à la France et à l'Église de Paris, non pas en tuant l'ennemi (ce qui est en opposition avec mon ministère sacré), mais en préservant du bombardement et de la famine qui les menaçaient, plusieurs mères de famille et un grand nombre d'enfants appelés, par leur vocation, à réparer les désastres de la patrie en devenant un jour pères ou mères d'une génération nouvelle!

Pardonnez-moi, Monsieur le Rédacteur, cette digression un peu longue peut-être sur le passé, le présent et l'avenir de Billancourt! mais il me semble qu'elle ne sera pas, pour vos lecteurs, la partie la moins intéressante de ma lettre, ni la moins propre à provoquer leur sympathie en faveur de mon œuvre! et recevez l'assurance des sentiments respectueux avec lesquels j'ai l'honneur d'être,

Monsieur le Rédacteur,

Votre très-humble et très-dévoué serviteur en Notre-Seigneur,

J. GENTIL,

Curé de Billancourt, près Paris (Seine).

Imprimatur.

Cenomanen. die 16 décembre 1870.

† CAROLUS, EP. CENOMANEN.

OBSERVATIONS IMPORTANTES

1° Monsieur le curé de Billancourt prie instamment les personnes qui voudront bien s'intéresser à son œuvre, de venir visiter, si elles le peuvent, l'installation de la colonnie à Saint-Jean d'Assé (Sarthe) le mardi, ou le jeudi de chaque semaine.

2° Les personnes qui ne pourront pas faire ce voyage sont invitées à lui faire parvenir directement en un mandat sur la poste leurs offrandes en argent, et de faire déposer les offrandes en nature à Saint Jean-d'Assé ; soit chez M. le Curé, de Saint-Jean ; soit chez Mme Lalande, dont la maison est le siège de l'orphelinat ; au Mans, au bureau de la Semaine du Fidèle, rue des Ursulines, 6, chez M. Leguicheux-Gallienne, soit chez M. Calais, rue des Minimes, 34. Dans les autres villes et bourgs, chez Messieurs les Doyens et Curés des diverses paroisses, qui voudront bien les faire parvenir à destination.

3° Les personnes qui seront à même de procurer du travail de confection, lingerie, etc. aux femmes et jeunes filles de la colonie, n'auront qu'a écrire à M. le curé de Billancourt, ou à la Directrice de l'orphelinat de Billancourt à Saint-Jean-d'Assé, par la Bazoge (Sarthe).

Le Mans. — Impr. Leguicheux-Gallienne. — 2076